Débuter la photo animalière

avec un petit budget

Débuter la photo animalière avec un petit budget

Jane Meles

© 2020 Jane Meles

Éditeur : BoD-Books on Demand
12-14 rond-point des Champs-Élysées, 75008 Paris
Impression : Books on Demand, Norderstedt, Allemagne

Illustration : Jane Meles

ISBN : 978-2-3222-3753-1
Dépôt légal : Juillet 2020

Table des matières

Avant – Propos 9

S'équiper avec un petit budget 11

L'habit ne fait pas le moine : le camouflage et l'art de la discrétion 20

Photographier le chevreuil 28

Photographier le blaireau 35

Observer le renard 41

Autres rencontres au fil des sentiers 46

D'éthique et des tiques 55

AVANT – PROPOS

Dès l'enfance, j'ai commencé à fréquenter la nature à dos de cheval. Je n'ai jamais voulu quitter ni l'un ni l'autre, la passion s'amplifiant au fil des années. La Nature est un univers, le cheval est un guide empreint de sensibilité qui permet d'y voyager sans déranger. Formidable compagnon domestique ayant gardé intacts ses instincts et ses sens aiguisés, il nous ouvre à la compréhension de la Nature. Ce sont les chevaux qui m'ont amenée tout naturellement à la rencontre des animaux sauvages. Je pouvais les observer en balade, sans les effrayer car ils ont l'habitude de côtoyer les équidés la nuit dans les prés.

Il y a 4 ans, je me suis mise à la photographie pour commencer à garder des souvenirs de mes rencontres animalières. Depuis, à pied, à cheval, ou à vélo, j'ai toujours l'appareil photo à portée de main et la fâcheuse habitude de ne jamais regarder devant moi. Je suis plus passionnée par la faune que par la photographie et avoue ne rien connaître aux réglages manuels de mon Bridge. Ce n'est pas que cela ne m'intéresse pas, mais par manque de temps je profite de la facilité apportée par les dernières générations d'appareils.

Car mon vrai plaisir est de passer du temps dans la nature. Cela me permet de m'évader et de comprendre le monde sous un autre angle. Une immersion dans la vie sauvage, c'est un effort de patience et de discrétion. On disparaît au profit de l'observation. On porte un nouveau regard sur ce qui nous entoure, on adopte un autre rythme, on redécouvre l'essentiel et la valeur de l'instant.

Partir seul, à la rencontre de la vie sauvage, c'est aussi une rencontre avec soi.

Que vous soyez promeneur du dimanche, passionné de randonnée, ou que vous aimiez juste observer les oiseaux depuis votre fenêtre, vous pourrez obtenir de très belles images avec un matériel très simple. Depuis quelques années, des Bridges premiers prix dotés de puissants zooms permettent aux débutants comme aux plus expérimentés de faire de la photographie pour un résultat très correct, voire surprenant. Toutes les images présentées dans cet ouvrage ont été prises avec ce type d'appareil, léger, maniable, peu encombrant, et aux capacités polyvalentes.

Dans ce guide, vous apprendrez comment débuter la photographie animalière avec un équipement de base et comment découvrir les habitudes de vos voisins sauvages. Vous découvrirez ce que vous pourrez faire avec peu de moyens, mais avec passion !

Je vous souhaite avant tout de belles et enrichissantes escapades dans la Nature.

S'ÉQUIPER AVEC UN PETIT BUDGET

La principale difficulté de la photographie de faune sauvage est que les animaux ne voudront pas poser pour vous ! Une rencontre non préparée ou inattendue se soldera donc souvent par la fuite du sujet avec pour résultat une photo floue, voire pas de photo du tout.

La meilleure chance de pouvoir commencer à immortaliser des animaux sauvages, est de les voir de loin. Cela permet de ne pas se faire repérer et de s'habituer à les observer pour apprendre leur comportement. Un smartphone ou un compact ne pourront pas vous permettre de faire de bonnes photos à distance. Par chance, ces dernières années sont apparus sur le marché du numérique, des appareils photos bridges qui déploient un large zoom, l'idéal pour les naturalistes amateurs.

L'appareil photo Bridge :

Il se situe à mi-chemin entre le compact et le réflex. Contrairement au réflex, son objectif n'est pas interchangeable.

L'appareil photo Bridge présente plusieurs avantages pour commencer simplement la photographie :

- il est relativement peu encombrant et reste léger, même avec un zoom puissant. Il ne rentre cependant pas dans une poche comme le compact.

- il existe avec des zooms très puissants (x50, x60 etc …) même en entrée de gamme, alors que des objectifs reflex permettant cette amplitude sont très coûteux (plusieurs centaines voire milliers d'euros, à prévoir en plus du boîtier)

- il est polyvalent, l'amplitude du zoom vous permet de faire aussi bien du paysage que de l'animalier, alors qu'un reflex demande d'avoir un objectif adapté à chaque situation.

Les marques leader en photographie ont sorti des bridges munis de zoom allant de x50 à x80 voire plus, pour des prix de vente démarrant à moins de 250 euros.

Avant de faire votre choix, je vous invite à consulter les avis et comparatifs existants sur le net pour vous faire une idée de l'appareil qui conviendra le mieux à vos aspirations, ainsi que des exemples de photos postés par des utilisateurs.

Les photos de ce guide ont toutes été prises avec un Bridge doté d'un zoom x60 et vendu moins de 280 euros. Je voulais pouvoir photographier les animaux qui viennent manger sous mes pommiers, tout en restant à bonne distance. Conquise par les résultats de l'appareil et de son zoom, je me suis prise au jeu de multiplier les observations d'animaux sauvages et de découvrir leur monde fascinant et si différent du nôtre.

J'ai commencé par tester ses capacités en portrait avec le superbe mâle Perdrix rouge qui est venu vivre plusieurs mois dans mon jardin. Oiseau d'élevage lâché en période de chasse, il avait trouvé refuge près de mon poulailler et a été accepté par ma basse cour. Premier animal d'une espèce « sauvage » à me laisser l'approcher moyennant quelques précautions, il a été un parfait modèle pour tester et découvrir mon appareil.

Cependant on a rarement l'occasion de pouvoir approcher de si près les animaux sauvages. Pour vous donner une idée d'un résultat à fond de zoom, des Cerfs élaphes à environ 150 m de distance :

Biches Élaphes à 300 m :

La stabilisation :

Lorsque le sujet est éloigné ou lorsqu'il fait sombre, il faut beaucoup de pratique et d'essais pour faire des photos correctes. Le moindre tremblement occasionnera une photo floue. Le simple fait d'appuyer sur le déclencheur peut occasionner un "flou de bougé", notamment à fond de zoom. Il est important de savoir bien tenir son appareil photo (la main droite sur le côté du boîtier et la main gauche qui soutient l'objectif) et d'investir dans un petit équipement bien pratique pour limiter les mouvements intempestifs lors de la prise de vue : le trépied ou le monopode.

Le trépied : idéal pour les affûts, il vous permet de poser votre appareil et de déclencher en étant parfaitement stable. Il se déplie et est réglable jusqu'à une hauteur qui approche en général les 1m50.

Le monopode : facile à emmener en randonnée, il est également réglable en hauteur mais est moins stable que le trépied car comme son nom l'indique, il n'a qu'un seul pied. Il permet cependant de prendre appui et de stabiliser l'appareil photo.

Ces deux accessoires se vendent une dizaine d'euros pour les premiers prix.

Se passer du flash :

Les bridges proposent des modes automatiques, des modes manuels, et des modes « scène ». Ce dernier mode peut être particulièrement intéressant car certains appareils proposent des scènes de type « crépuscule » ou « paysage nocturne » qui permettent de photographier ou de filmer à basse lumière et sans flash.

Le flash est en effet proscrit pour la tranquillité et le respect des animaux.

Ci-dessous, une photo d'un blaireau prise quelques minutes avant la tombée de la nuit, ainsi qu'une photo de petits rhinolophes en hibernation, toutes deux en mode « nocturne » sans flash, pour ne causer aucun dérangement.

Vous pouvez donc utiliser les modes scènes adaptés à diverses situations, ou bien comme avec un réflex, choisir de régler vitesse, sensibilité et ouverture.

Les Bridges offrent également la possibilité de faire des vidéos de belle qualité. En fin de soirée, lorsque la lumière est trop basse pour les capacités de l'appareil et que les photos en sortent floues, il est intéressant de passer en mode vidéo, qui sera plus tolérant et vous permettra de faire de dernières images avant la tombée de la nuit.

La deuxième batterie :

Lors d'affûts ou de sorties nature, si l'on revient souvent bredouille, il y a des jours où c'est un vrai festival ! Alors jour de chance ou fête imprévue des amis de la forêt, rien n'est plus frustrant que de tomber en panne de batterie pendant les prises de vue d'une chevrette et de ses faons ou de la rare sortie diurne d'un blaireau …

Avoir une deuxième batterie est une sécurité pour les grandes sorties, donc avant une escapade photo, on charge bien sa batterie et si on en a deux c'est mieux !

En complément, le piège photographique :

Pas indispensable mais très utile, et surtout fascinant, le piège photographique est un formidable outil qui permet de découvrir en toute discrétion la vie nocturne dans les bois, ou dans votre jardin !

Pour un bon résultat, il s'agit de trouver un emplacement qui soit une voie de circulation de la faune sauvage et d'avoir un arbre bien orienté à disposition pour pouvoir y positionner correctement la caméra. L'idéal est de la placer au bord d'une coulée. Les coulées sont les petits sentiers formés naturellement par le passage répété des animaux. Elles sont en général utilisées par plusieurs espèces qui se servent de ces petits chemins comme réseau pour se déplacer dans les sous-bois.

Certains passages sont très fréquentés, d'autres moins, il faut parfois plusieurs essais pour découvrir un bon spot, sachant que les habitudes des animaux varient au fil des saisons, en fonction des ressources alimentaires disponibles, des dérangements etc ....

Les pièges photographiques permettent de faire de la photo ou de la vidéo de jour comme de nuit, ce qui est particulièrement intéressant pour observer des comportements (marquage du blaireau, tétée des faons, brocard qui frotte ses bois ...).

Il est possible de trouver ce type d'appareil en vente en ligne à partir d'une cinquantaine d'euros, pour des résultats de qualité variable. Une multitude de marques existe, l'idéal est de consulter les avis des consommateurs et les exemples de photos témoignant des capacités de l'appareil, afin de trouver un bon compromis de rapport qualité/prix.

Qui donc vient sous mes pommiers la nuit ?

L'HABIT NE FAIT PAS LE MOINE :

LE CAMOUFLAGE ET L'ART DE LA DISCRÉTION

Contrairement aux idées reçues, il n'est pas indispensable de se déguiser en fougère pour pouvoir photographier la faune sauvage.

Bien évidemment, les tenues élaborées qui sont très camouflantes sont efficaces pour paraître invisible en affût, à condition de faire attention à la direction du vent pour qu'il n'emmène pas votre odeur en direction de vos sujets.

Mais vous remarquerez vite, et cela m'a parfois surprise, que les cervidés, les renards, et encore plus les blaireaux, ne voient pas distinctement lorsque vous vous tenez immobile et à bon vent.

Il m'est ainsi arrivée à plusieurs reprises de voir un chevreuil ou un renard s'approcher à moins de 8 m (c'est très près pour une rencontre avec un animal sauvage et … palpitant !) et de disposer d' une bonne minute pour lui tirer le portrait, en restant debout ou accroupie et surtout immobile. La curiosité qui l'amène à analyser les formes inconnues, est un atout pour le promeneur photographe qui sait rester discret et gère ses déplacements en fonction du vent. Un courant d'air qui porte votre odeur aux narines de notre ami sauvage, et en une fraction de seconde il s'en ira à toute vitesse. Sinon, vous aurez peut-être la chance qu'il fasse quelques pas vers vous, pour mieux vous identifier. Inutile de dire qu'une telle approche de sa part finira en fuite (la sienne ... ou la vôtre ?! À éviter mais cela peut sembler inquiétant quand on n'a pas l'habitude...), mais vous aurez quelques dizaines de secondes pour savourer le moment et peut-être pour déclencher, si vous aviez déjà l'appareil prêt autour du cou, car une fois en face de l'animal il est bien trop tard pour espérer le sortir de son sac sans gâcher la rencontre.

Face à face imprévu à 7h00 du matin

Quelques conseils de base et accessoires simples sont indispensables pour être discret visuellement :

- La couleur de vos habits doit être plutôt sombre : les verts foncés et kaki sont forcément les plus passe-partout, mais aussi les marrons et les gris foncés. Évitez surtout le blanc et les couleurs claires.

- L'idéal étant de casser la silhouette "humaine", vous pouvez dépareiller le haut et le bas.

- Un autre point important est de masquer les zones blanches du corps humain : Une cagoule masquant le visage vous rendra moins identifiable par les animaux (mais à contrario elle pourrait effrayer les promeneurs .. !) ou un tour de cou kaki vous permettra de masquer le visage jusqu'au yeux. Des mitaines permettent de masquer les mains et de pouvoir continuer à manipuler votre appareil photo.

- Une casquette est un plus pour masquer la silhouette et le regard.

L'art de la discrétion : comment se déplacer et comment devenir invisible

La tenue vestimentaire ne fait pas tout, il faut également savoir de quelle façon se déplacer. Vous l'avez déjà compris, connaître le sens du vent est primordial. Ma technique pour le vérifier est de m'arracher un cheveu (j'en ai beaucoup, pour l'instant) et de le laisser flotter tenu par mes doigts, pendant quelques secondes. Pour ceux qui n'en auraient plus, ou qui souhaiteraient conserver les derniers, il paraît que cela marche avec une longue herbe fine, des pollens, ... A chacun de trouver sa technique !

On peut ensuite savoir dans quel sens notre promenade suscitera le moins de dérangement auprès des animaux, et également où se placer si l'on veut photographier sans se faire griller à cause de nos effluves, même si on sort de la douche et que l'on a l'impression de sentir tout bon tout propre.

Il est impératif de se déplacer sans bruit, alors attention aux branchettes qui craquent et autres feuilles mortes sèches qui occasionnent un raffut terrible.... Vous constaterez qu'il est beaucoup plus facile de se déplacer discrètement en sous-bois après une bonne pluie.

Parfois, malgré toutes nos précautions et notre avancée silencieuse, on se fait dénoncer par les geais des chênes ou les corbeaux (ou de petits oiseaux qui défendent leur territoire) qui crient très fort pour signaler qu'un intrus est sur les lieux ! Et là, camouflage ou pas, vous n'échapperez pas à la vue affûtée des oiseaux. Leurs cris sont bien compris par les mammifères, qui seront deux fois plus vigilants, si ils ne sont pas déjà partis. Les pigeons dérangés ont aussi l'habitude de s'envoler très bruyamment, autant de signes qui préviendront de votre avancée que vous pensiez discrète ...

Une autre règle : ne traversez jamais en plein milieu d'une prairie, vous y seriez visible comme le nez au milieu de la figure. Il faut toujours se déplacer lentement en longeant les talus, les arbres ou la végétation en bordure de parcelle. Si un animal est présent sur les lieux, le mieux est même de gagner du terrain en étant accroupi. Nul doute que le mammifère sauvage regardera vers vous car il contrôle en permanence sa sécurité, il sera alors temps de jouer avec lui à un ancien jeu de cour de récréation : 1-2-3 ... soleil !!! En bref, vous avancez à tâtons lorsqu'il ne regarde pas, et vous vous arrêtez net dès qu'il regarde dans votre direction. Attention aussi à la vision périphérique des cervidés qui pourront vous voir de côté.

Ensuite il faut savoir rester à distance raisonnable et ne pas vouloir à tout prix s'approcher plus, car le but n'est surtout pas de déranger l'animal. Une fois installé correctement pour photographier votre sujet, restez immobile et si vous avez de la chance c'est lui qui s'approchera de vous.

Jeune renard en approche

Et attention …. à penser au retour ! Si vous avez bien fait les choses, l'ami sauvage que vous avez pris pour modèle n'a pas fui. Alors il serait dommage et fort peu respectueux de partir précipitamment après avoir obtenu ce que vous vouliez. Si vous vous êtes approché en rampant, et bien repartez en rampant de la même façon. Dans tous les cas, prenez les mêmes précautions qu'à l'approche.

Les meilleures images sont celles qui sont faites sans dérangement, indépendamment du résultat photographique qui doit rester secondaire si l'on souhaite intégrer en harmonie le monde secret de la nature et de ses habitants.

Les techniques d'observation : la billebaude et l'affût

En photographie, la "billebaude" est le nom donné à la promenade qui a pour but de faire de la photo de nature, en se laissant guider au gré des sentiers, du vent, ou de l'instinct.

Elle peut être source de dérangement, aussi il est bon de débuter en empruntant les chemins de randonnée qui offrent une bonne visibilité sur les prairies alentours. Cela permet de commencer à observer les animaux sans pénétrer dans l'intimité de leur territoire.

L'affût consiste à s'installer dans un endroit prometteur et à attendre jusqu'à plusieurs heures, immobile et fondu dans le décor, qu'un animal passe devant vous. Cette technique n'occasionne pas de dérangement contrairement à la billebaude mais une bonne connaissance du secteur et des habitudes des animaux est préférable pour ne pas rentrer bredouille après avoir attendu très longtemps. Si vous savez que des chevreuils viennent régulièrement le soir dans une prairie, il suffit de prévoir d'arriver une heure avant eux et d'attendre.

Un affût bien préparé permet une belle proximité

L'affût est par ailleurs la seule technique valable pour observer les blaireaux qu'il est quasiment impossible de photographier en billebaude.

Comme d'habitude il convient de vous placer en fonction du sens du vent par rapport à l'endroit d'où les animaux sont le plus susceptibles d'arriver, sinon personne ne viendra poser devant vous.

Les animaux n'ayant pas peur des voitures, la technique de l'affût depuis sa voiture est réputée efficace.

La météo :

Avec la pratique, vous verrez vite que la météo a son importance. Comme nous, les animaux n'aiment pas se faire mouiller et restent à l'abri pendant les intempéries. De ce fait, le calme après la tempête est très propice à rencontrer du beau monde notamment si le mauvais temps a duré, car les animaux profiteront de l'accalmie ou des éclaircies pour aller s'alimenter à découvert. Les espèces dont ils ont besoin ne poussent pas toutes en sous-bois, heureusement pour nos yeux d'observateurs !

Le vent fort sera votre allié si il est dans le bon sens, ou plutôt si vous marchez face à lui. Il emmènera votre odeur loin derrière vous et masquera totalement le bruit de vos pas dans les feuilles mortes, qui croustillent comme des chips en période sèche.

Quand sortir ?

On peut en fait sortir à toute heure de la journée, même si les chances de pouvoir observer un animal sauvage sont plus fortes la première heure après le lever du soleil ou la dernière heure avant son coucher.

Par expérience, les chevreuils sont les animaux les plus faciles à rencontrer, et s'il est souvent écrit dans les ouvrages qu'ils sortent la nuit ainsi que tôt le matin ou tard le soir, ils se montrent en fait plusieurs fois par jour pour s'alimenter en lisière des prés. Il est donc possible de les voir à n'importe quelle heure de la journée. Ils sont plutôt diurnes si ils ne sont pas dérangés par l'activité humaine, et encore …. j'ai déjà été observée par un chevreuil, se sentant à l'abri en lisière de son petit bois, pendant que je passais la débroussailleuse dans le jardin. S'ils craignent le bipède que nous sommes et qu'ils l'associent à la chasse, ils se sont bien habitués aux véhicules et machines qui ne les effraient pas vraiment.

Les écureuils sont également de ceux qui sont actifs en journée, ainsi que les renards pendant la période d'élevage de leurs jeunes (printemps-été), car ils doivent beaucoup chasser pour les nourrir.

En bref : sortez quand ça vous plaît ! Et il n'y a besoin d'aucun prétexte pour aller prendre un bol d'air en pleine nature, on n'est pas là pour le rendement, non ?

Comme beaucoup de monde, par manque de temps je ne peux pas forcément sortir aux meilleures heures pour la photographie animalière. Alors parfois je vais marcher l'après-midi, et au pire la nature m'offre un moment apaisant, au mieux j'ai le droit à un cadeau et je peux observer des animaux. Toute sortie permet en outre de mieux connaître son secteur et de repérer de nouveaux indices.

Et le soir à la belle saison, zappez la télé et allez marcher ! Vous n'avez pas idée des observations qu'on peut faire en 30 minutes de marche dans la campagne en soirée (ou à l'aube pour les lève-tôt !).

PHOTOGRAPHIER LE CHEVREUIL

De tous les mammifères sauvages de nos campagnes, le chevreuil est l'un des plus faciles à observer. Dans les endroits où il n'est pas trop dérangé par l'activité humaine, il sort de ses refuges plusieurs fois par jour pour s'alimenter.

Son observation doit tout de même se faire avec précaution car il est très vif et s'enfuira à toute vitesse au moindre bruit ou à la moindre odeur suspecte.

Dans certaines régions, les chevreuils vivent en groupe et se déplacent à découvert dans les immenses cultures, comptant sur leur nombre et leur vitesse de fuite en cas de danger. On les appelle les "chevreuils de plaine".

Chez moi, les chevreuils "forestiers" ne se regroupent en petites entités qu'en hiver. Le reste de l'année, les mâles sont solitaires et ne tolèrent aucune concurrence sur leur territoire. Ils acceptent seulement la présence de femelles, seules ou accompagnées de leur(s) faon(s) de l'année.

Contrairement aux cerfs qui vivent en général dans les grands massifs forestiers, le chevreuil s'adapte à différents milieux. On peut ainsi le rencontrer dans les bois et forêts, dans les plaines, les prés et cultures, et même au voisinage des habitations. L'idéal pour le rencontrer étant les milieux présentant une alternance de petits bois dans lesquels il pourra se remiser, et de prairies dans lesquelles il trouvera la variété nécessaire de végétaux pour son alimentation. Il est ainsi fréquent de le rencontrer en lisière des petits bois, où il peut se réfugier à la moindre alerte.

Le chevreuil étant territorial et routinier, il revient souvent s'alimenter aux mêmes endroits, un véritable atout pour envisager un affût ! Les balades du matin ou du soir sur des sentiers longeant les prés et les cultures sont le meilleur moyen de découvrir les habitudes des chevreuils. Leurs sorties en pleine journée sont plus aléatoires et dépendent du calme du secteur mais elles ne sont pas rares. J'ai remarqué qu'il est fréquent de les voir sur l'heure de midi.

Ainsi il est possible à toute heure de les observer brouter tranquillement dans une prairie, et même s'y coucher pour ruminer.

Chevrette à 10h30 le matin

Il peut être difficile de voir un chevreuil couché car parfois seule la pointe de ses oreilles ou de ses bois dépasse de la végétation.

Dans l'herbe haute, le chevreuil couché sera presque invisible

L'approche d'un chevreuil doit être très discrète. Si malgré vos précautions vous vous faites remarquer, il se mettra en alerte mais ne fuira pas forcément si vous êtes immobile, pas trop près de lui, et à bon vent. Il se dressera tête haute, et avancera vers vous en levant haut ses pattes antérieures, peut-être en tapant du pied, pour voir si quelque chose réagit. Il est également fort possible qu'il aboie, ce qui est surprenant quand on n'en a pas l'habitude ! Son aboiement, relativement fort, est très ressemblant à celui du chien. L'aboiement est utilisé pour impressionner et aussi pour alerter les congénères aux alentours.

Après ces perturbations, le chevreuil décidera peut-être qu'il vaut mieux partir. Il peut aussi se remettre tranquillement à brouter devant vous, si vous avez réussi le test de la cape d'invisibilité (visuelle, auditive et olfactive !).

Le repérer de loin à la belle saison est plutôt facile, car il est d'un roux flamboyant. Par contre à l'automne il mue et prend un épais poil brun grisâtre. Cela lui permet d'être plus discret en période hivernale lorsqu'il y a moins de végétation pour se cacher.

Printemps – été : pelage roux

Automne-hiver : pelage brun-gris

On nomme la femelle "chevrette" (et non "biche" qui est la femelle du cerf) et le mâle chevreuil est appelé "brocard".

Le mâle porte des bois, qui tombent chaque année à l'automne.

Ils repoussent ensuite durant l'hiver et sont d'abord recouverts de velours.

Il pèse seulement 20 à 25 kg, impossible donc de le confondre avec le cerf, qui peut peser 200 kg et toiser jusqu'à 1,40 m au garrot.

Avec son port altier et sa fière allure, on le croit grand, alors qu'avec ses 60-70 cm au garrot il fait plutôt la taille d'une chèvre.

Bien qu'il fasse partie des plus grands mammifères sauvages de nos campagnes, il sait se montrer discret et il faut parfois bien ouvrir l'oeil pour le repérer.

PHOTOGRAPHIER LE BLAIREAU

Le blaireau est très difficile à croiser au gré d'une promenade. Il est par contre malheureusement fréquent de voir son cadavre au bord des routes. Il est très craintif mais ne comprend pas les dangers de nos machines sur les routes asphaltées.

Il est nocturne et sort très tard, souvent à la pénombre. Il faut attendre les longues journées de printemps et d'été (de mi-avril à mi-août) pour espérer le voir sortir sous la lumière tamisée d'un petit bois. C'est la seule période de l'année où il est possible de faire des images les soirs où il sort de bonne heure, sachant que bien entendu, le flash est interdit pour respecter sa quiétude.

La première étape pour pouvoir observer le blaireau est essentielle : il s'agit de trouver un terrier, ou mieux un réseau de terriers (un "village" de blaireaux) qui garantira les meilleures observations car ils sont en général occupés par plusieurs blaireaux, voire d'autres espèces (le renard est connu pour élever ses petits dans les terriers de blaireaux déjà pré-aménagés).

Ensuite il faut s'assurer que ce terrier est occupé, sinon vous pourrez attendre des années que quelqu'un en sorte …

Voilà les indices qui vous mettront sur la piste des blaireaux :

- **Les coulées :** les blaireaux empruntent toujours les mêmes chemins lors de leurs pérégrinations nocturnes, aussi ils tracent à même le sol de petits sentiers, si bien dégagés qu'on les croirait faits pour des humains. Mais ils traversent souvent des ronciers et autres friches inaccessibles à notre stature verticale et notre taille, aussi il est en général compliqué de les suivre complètement. Je ne sais pas si tous les chemins mènent à Rome, mais les coulées mènent au terrier !

- **les latrines :** les blaireaux ont une réputation qu'ils ne méritent pas (puants, agressifs, et j'en passe). Ils sont en fait des as de la propreté : ils renouvellent la litière de leur terrier, changent de "chambre" régulièrement pour limiter les parasites, et font leurs besoins … dehors ! Leurs latrines sont éloignées de quelques dizaines de mètres du terrier, et sont facilement reconnaissables : pour faire ses besoins, le blaireau creuse des petits trous dans la terre, et y fait ses excréments. Ceux-ci sont de consistance plutôt molle et il ne les recouvre pas. Si vous voyez plusieurs trous remplis d'excréments frais, pas de doute, un blaireau (ou plusieurs) habite tout près !

- **le cône de déblai :** le blaireau est un grand terrassier, aussi il sort une certaine quantité de terre à l'extérieur de son terrier. Un monticule de terre fraîchement retournée, et une gouttière qui descend dans la gueule façon toboggan ? Si l'entrée n'est pas obstruée par des branches et des feuilles mortes, c'est gagné, quelqu'un réside ici, c'est sûr !

Le cône de déblai est bien visible devant l'entrée du terrier

L'entrée du terrier est bien dégagée : il est occupé !

- **L'aire de toilettage :** Après avoir pris quelques instants à humer l'air pour s'assurer que sa sortie est sans danger, l'ami blaireau va se toiletter et se gratter pendant de longues minutes avant de partir en route pour sa sortie nocturne en quête de nourriture. Pour se faire il va s'asseoir, c'est plus pratique pour se gratter partout et se frotter le ventre ! Aussi, tout près de la gueule du terrier, il y a une zone circulaire où la végétation est absente ou aplatie.

Les blaireaux sont assis sur l'aire de toilettage

- **la présence de l'eau :** selon mon expérience sur le terrain, les blaireaux aménagent leur terrier à quelques mètres ou à quelques dizaines de mètres maximum d'un ruisseau ou d'un filet d'eau.

Vous avez repéré et validé tous ces indices et trouvé votre terrier ? Vous allez être prêt pour attendre patiemment vos blaireaux.

Un affût doit être préparé sérieusement : analysez sur place à quel endroit vous pourrez vous poster sans dérangement pour les blaireaux. Il est préférable de faire votre repérage en pleine journée, ainsi vous serez certain de ne pas gâcher la soirée d'un blaireau par mégarde et de ne pas laisser votre odeur partout avant la sortie des animaux.

Choisissez un ou plusieurs endroits susceptibles de vous accueillir confortablement, situés à 15-20 m du terrier habité, votre zoom vous permet de rester éloigné et de limiter ainsi le risque de dérangement. Outre le fait de ne pas avoir trop de branches dans votre champ de vision pour filmer ou photographier, il vous faudra surtout et impérativement vous placer en fonction du sens du vent. Une seule effluve humaine vers la gueule du terrier et vous ne verrez personne. Vous risquerez aussi de gâcher la sortie de notre ami qui attend pour aller trouver à manger. Attention aussi aux anciennes gueules inoccupées, les terriers communiquent souvent entre eux et pourraient transmettre vos effluves jusqu'au nez affûté de ses habitants.

Il vous faudra arriver au moins 2 heures avant la nuit, et rester parfaitement silencieux durant votre attente. L'occasion de faire un point sur votre vie, ou de penser à votre liste de courses. Maintenant il est facile de ne pas s'ennuyer avec les smartphones, mais si passez votre temps d'attente collé à votre écran, autant regarder un documentaire sur les blaireaux à la télévision. Vous manquerez l'immersion dans la nature, les bruits, les odeurs, le chevreuil qui passe discrètement au loin. Vous serez là sans être là, c'est un peu dommage, car l'affût dans la nature est une merveilleuse occasion pour se déconnecter de tout et se recentrer sur l'essentiel. De plus vous risquez de manquer le plus beau moment de la soirée, celui dont je ne me lasse jamais, qui est de voir le bout de nez noir et blanc sortir doucement du terrier, sans un bruit, et avec mille précautions. Un cadeau qui vaut toutes les heures d'attente.

Au fur et à mesure que la soirée avance, la lumière baisse. Aussi n'hésitez pas à prendre régulièrement des photos dans le vide en attendant les amis blaireaux, pour ajuster les réglages de luminosité de votre appareil au fur et à mesure que le temps passe. Ainsi vous ne serez pas dépourvu quand le premier museau noir et blanc sortira du terrier.

Attention également à vous placer de façon à pouvoir repartir sans déranger les habitants des lieux. On pense souvent à l'aller mais pas au retour, qui doit se faire aussi respectueusement. Il ne faut pas oublier que l'on quitte une soirée à laquelle nous n'avons pas été invités ...

OBSERVER LE RENARD

Tout comme le chevreuil, le renard peut être observé en journée dans les secteurs où il n'est pas trop dérangé, notamment au printemps et en été (mai à juillet essentiellement) car il doit beaucoup chasser pour nourrir sa famille, et passe de longues heures à ratisser les prés pour trouver des campagnols.

En hiver, il est compliqué de le voir car les nuits sont longues, mais on peut entendre ses cris d'amour entre décembre et février, période du rut. Il hurle alors de son cri glaçant dans le noir.

A la belle saison il est assez fréquent de le trouver dans les prés fraîchement fauchés, où il vient ramasser les rongeurs tués par la machine, ou "muloter", c'est à dire attraper les rongeurs qui se déplacent dans la prairie et qui ne bénéficient plus du couvert de la végétation haute. C'est l'une des meilleures occasions pour pouvoir photographier les renards.

Saviez-vous qu'un renard tue plusieurs milliers de campagnols par an ? Il est spécialiste de la dératisation des prés et des cultures, aussi il est un parfait auxiliaire de l'agriculture. De nombreuses associations militent d'ailleurs pour qu'il soit retiré de la liste des "nuisibles"et que soit reconnue son utilité dans nos campagnes.

On le dit solitaire car il sort et chasse seul, la taille de ses proies ne nécessite pas qu'il chasse en meute comme le loup. Cependant il vit souvent en famille. Le mâle et la femelle élèvent ensemble les jeunes, et sont même parfois aidés par d'autres individus ayant un lien de parenté.

Il n'est pas facile de différencier à distance le mâle de la femelle, sauf en période d'élevage des jeunes car les mamelles de la maman sont bien apparentes.

On le croit à tort carnivore strict et "tueur de poules", il a en fait un régime alimentaire très varié, qui s'adapte à la disponibilité des ressources au fil des saisons. Ainsi en plus de rongeurs il mange des lombrics, beaucoup de fruits (mûres, pommes, cerises, noix ….). A la période des cerises ses excréments sont truffés de noyaux !

Renard qui se régale des mûres dans les ronciers

Les consignes d'approche sont les mêmes que pour les autres animaux sauvages : la plus grande attention doit être portée au sens du vent, et il faut se tenir immobile, le long d'un talus ou d'un arbre. Debout, accroupi, allongé ... peu importe, à choisir selon les prises de vue que vous souhaitez obtenir et la configuration des lieux.

Un soir, je me suis faite repérer par un renard qui vadrouillait dans un champ à une trentaine de mètres de moi. Ce qui arrive souvent est qu'avec sa mauvaise vue, l'animal se rapproche de vous et commence à se poser des questions quand il arrive à cinq mètres. Moment très intense pour le photographe qui n'ose plus respirer ! Ce renard m'a fixée calmement de très longues secondes, puis a entrepris de me contourner, dans le but de prendre mon odeur pour m'identifier. Une fois qu'il est passé du côté où le vent emmenait mes (légères …) effluves, il a pris ses pattes à son cou.

Je photographie le renard essentiellement en été, sur des prés fauchés, mais parfois je le rencontre de façon imprévue sur des chemins de balade. Je n'ai encore jamais photographié de famille au terrier car je ne fouille pas les bois à la recherche de leur gîte. Les renards sont très sensibles au dérangement et l'approche de leur terrier par un humain pourrait mettre en péril la sécurité de la famille. Si un adulte sait son refuge découvert, il peut déménager ses petits dans la précipitation, et son second choix de lieu sera peut-être moins sécurisant que le premier. Il ne faut pas oublier que les renards ont beaucoup d'ennemis et que c'est une question de survie pour eux que de savoir rester discrets chaque jour.

En photo animalière, il faut savoir se contenter de peu. Mais si votre ligne de conduite est le respect et la discrétion, vous apprendrez au fil des mois et des années à découvrir les endroits propices à l'observation, et vous serez toujours récompensé par de belles observations, avec en plus la satisfaction d'avoir laissé au peuple des prés et des bois ses plus intimes secrets.

AUTRES RENCONTRES AU FIL DES SENTIERS

Nos campagnes regorgent de vie, du minuscule au géant, de l'araignée au cerf élaphe, il y a partout des êtres vivants à découvrir et à observer. Au fil des balades et en fonction de la biodiversité de votre secteur, vous pourrez rencontrer divers animaux, certains fréquents et habitués des lieux, d'autres de passage et rarement observés … chaque immersion dans la nature offre son lot de surprises !

- **Les insectes** : partir à la rencontre des insectes, c'est partir à la découverte d'un monde sans fin, avec plus d'un million d'espèces inventoriées et plusieurs milliers encore découvertes chaque année.

Libellules, papillons, abeilles …. vous pouvez aussi vous essayer à l'art de les mettre en valeur et peut-être vous passionner pour la macro-photographie. Ils sont plus faciles à approcher que les mammifères et ne nécessitent pas un grand zoom !

- **L'écureuil** : s'il réside dans votre secteur, il est assez facile à rencontrer mais pas toujours à photographier. Il est moins farouche que certains autres mammifères et reste souvent à vous regarder depuis une branche en hauteur. Une aubaine pour pouvoir le photographier, mais la difficulté est en général de pouvoir trouver un angle de prise de vue au travers de la végétation. Il est très actif en fin d'été et à l'automne, période à laquelle il fait ses provisions.

Leucorrhinia Pectoralis

Ecureuil Roux

- **Le ragondin** : voici un animal qui se rencontre au bord des rivières ou des étangs. Ce gros rongeur originaire d'Amérique du Sud a été introduit par l'homme en France, où il n'a pas de prédateur. Se reproduisant facilement, il est considéré comme invasif et nuisible. Il n'a donc pas que des amis... Il est cependant peu farouche et donc facile à photographier.

- **Les lièvres et lapins de garenne** : voici deux autres espèces très agréables à photographier, avec leur bouille sympathique ! Il faut connaître les secteurs qui en sont peuplés, et qui se font de plus en plus rares. Par chance, des lapins ont intégré mon jardin dans leur territoire, et je peux observer facilement des adultes et des petits. Quant aux lièvres, je ne les rencontre que très occasionnellement en forêt, mais certains secteurs en sont bien peuplés.

Lièvre d'Europe

Lapereau de Garenne

- **Les biches et cerfs élaphes** : voilà un animal qui mériterait tout un chapitre tellement il y a de choses à en dire ! Étant encore débutante dans la découverte de ce roi de la forêt – il n'y en a pas dans mon voisinage proche – je vous laisserai vous documenter autrement, ou apprendre sur le terrain. Animal qui réside dans les grands massifs forestiers ou à ses abords, sa photographie est tout un art qui suscite bien des passions auprès des chasseurs d'images. Parfois trop, et il en subit les conséquences, notamment des dérangements en période du brame, période des amours pendant laquelle il oublie sa prudence légendaire pour aller courtiser les femelles. Il paraît que les plus beaux mâles, depuis toujours très chassés pour leur "trophée", ne se montrent jamais en dehors de cette période de reproduction. On les différencie au nombre de leurs cors (le nombre de pointes au bout de leurs bois), et certains amateurs expérimentés arrivent à les reconnaître d'une année sur l'autre et à suivre leur évolution.

- **Les sangliers :** Comme son cousin le cochon domestique qui devance les chiens à certains tests de QI, il est très intelligent et sait parfaitement rester à l'écart des hommes. Cela le rend plus difficile à observer que les autres mammifères sauvages. Dans les régions où il est très abondant, il sera tout de même possible de le voir avant la tombée de la nuit.

Biches Elaphes et faon

Sanglier

- **Les amphibiens** : en fonction de la biodiversité de votre territoire, vous pourrez observer des crapauds, grenouilles, salamandres … Avec juste un peu de discrétion à leur approche ils restent généralement immobiles. Par contre certains d'entre eux ne sortent que la nuit.

Grenouille

Crapaud

- Ils sont partout : les oiseaux

S'il y a bien des animaux sauvages que l'on peut rencontrer partout et sans trop de recherche, ce sont les oiseaux ! On les trouve dans tous les milieux, en pleine ville comme dans notre propre jardin, en forêt, en bord de mer, de rivière, sur les étangs …. chaque espèce a son milieu de prédilection dans lequel on pourra l'observer.

Ils ne sont pas pour autant faciles à photographier. Contrairement aux espèces de mammifères précédemment citées, ils ont une excellente vue et le moindre mouvement de votre part les fera fuir ! Plus besoin de se préoccuper du sens du vent, son odorat est peu développé comparativement à celui des mammifères. Ils ne vivent pas dans le même monde sensoriel, et leur réflexe de fuite se base principalement sur le mouvement.

Il est ainsi impossible de photographier un oiseau à l'approche ! Seule la technique de l'affût pourra porter ses fruits pour les photographier avec beaucoup de proximité. Soit d'une façon relativement simple : rester immobile sans bouger, en étant habillé de façon à masquer notre silhouette humaine (cagoule, gants … mais cela fonctionne moins bien qu'avec les mammifères), soit en utilisant un affût fixe, que vous aurez fabriqué chez vous si vous êtes bricoleur, ou que vous pouvez occuper sur des sites ornithologiques (souvent aménagés en bords d'étangs) si vous en avez près de chez vous ou de votre lieu de vacances.

A défaut d'affût, vous pourrez tout de même photographier les oiseaux en restant à bonne distance, en commençant dans votre jardin où les oiseaux ont déjà l'habitude de votre présence. Le zoom important de votre Bridge sera alors un atout, avec un bémol cependant car il sera moins bien adapté qu'un appareil Réflex à la vitesse de mouvement des oiseaux. Ainsi vos photos risqueront d'êtres floues si votre sujet se montre remuant. Cela reste tout de même un bon moyen de s'exercer et de découvrir avec la pratique les capacités de son appareil.

Pic Vert au jardin

Tarier pâtre en bord de chemin

Héron pourpré depuis un observatoire ornithologique

D'ÉTHIQUE ET DES TIQUES

Mise en garde : attention aux tiques

Amis naturalistes, si vous sortez des sentiers battus et vous déplacez dans les herbes hautes ou dans les bois, vous devez être très vigilant à ne pas ramener des tiques sur vos vêtements, ni à vous faire mordre. Elles peuvent transmettre des maladies, notamment la borréliose de Lyme, si elles en sont porteuses.

Les secteurs peuplés par les animaux sauvages (petits ou grands) sont malheureusement souvent infestés de ces parasites. Les tiques "chassent" à l'affût en se perchant dans la végétation, et s'accrochent au premier être vivant qui passe, elles se dirigent ensuite à la chaleur pour choisir un endroit où se planter.

Pour vos sorties, la première recommandation est de porter des vêtements longs (chaussures fermées, pantalon si possible rentré dans les chaussettes, manches longues …) qu'il conviendra d'inspecter au retour de vos escapades.

Les morsures de tiques sont parfaitement indolores et certaines tiques sont minuscules (à partir de 1 mm), aussi une inspection minutieuse de votre corps (cuir chevelu compris) après chaque sortie à risque est recommandée.

Si une tique est plantée dans votre peau, il faut la retirer en la faisant tourner à l'aide d'un tire-tique (le même que pour les chiens et chats) ou à défaut une pince à épiler, sans la stresser pour ne pas la faire régurgiter. Il semblerait qu'une tique risque de contaminer son hôte au delà de 24 heures de présence sur son corps. Aussi plus vite vous la retirez, plus vous limitez les risques d'une infection. Si une marque rouge s'étend autour de la piqûre dans les premières semaines après le retrait de la tique, consultez un médecin.

L'éthique du photographe naturaliste

Depuis les réseaux sociaux, "l'image" est plus que jamais mise à l'honneur et la course aux "likes" entraîne des abus injustifiés.

La photographie de faune sauvage ne fait pas exception, et quand bien même la mode du "retour à la Nature" est en plein essor, de nombreux comportements inadaptés envers les animaux et leur habitat, mettent à mal leur tranquillité voire leur survie.

Les premières rencontres, quand on n'a pas trop l'habitude de côtoyer la faune sauvage, sont très excitantes, et l'on souhaite toujours en faire plus, s'approcher plus près, faire de meilleures images … C'est précisément lors de ces moments d'approche que l'on doit se poser les bonnes questions et savoir freiner ses envies de faire plus ou mieux. Le calme et la sagesse vous apporteront à terme bien plus de satisfaction quant aux images que vous rapporterez, votre priorité numéro 1 devant être le RESPECT de l'animal que vous observez.

Voici quelques règles que je vous conseille de suivre pour être un bon photographe naturaliste :

- **Ne pas arracher de branchages et de végétation** : hormis parfois une petite herbe ou branchette qui vous gênerait pour faire votre mise au point, ne détruisez pas la végétation pour prendre une photo, car si vous avez besoin de bien voir l'animal pour le photographier, lui a besoin de se cacher pour survivre. Certains n'hésitent pas à mettre en péril la vie de nichées ou de portées en dégageant la visibilité autour d'un nid ou d'un terrier. Ce comportement intolérable met en danger les animaux.

- **Prendre en compte le stress de l'animal** : malgré vos précautions vous avez été repéré par l'animal que vous observez ? S'il reste et s'apaise, tant mieux, ne bougez plus. S'il fuit, ne le suivez pas, laissez le tranquille. Si vous rencontrez des animaux qui ne peuvent fuir ou qui gardent l'immobilité pour se protéger (oisillons, faons, chauves-souris …) faites votre photo rapidement et partez sans bruit.

- **Varier les endroits de prise de vue** : vous connaissez un coin à chevreuils et voulez y aller tous les jours ? Mauvaise idée, hormis si vous avez un endroit pour vous poster en affût à bon vent en étant sûr de ne pas être repéré. Mais si vous êtes plutôt adepte de la billebaude, le fait de circuler régulièrement aux abords de leurs zones de gagnage peut les contraindre à changer leurs habitudes pour aller voir ailleurs si vous n'y êtes pas … Quand je me promène, je change de circuit régulièrement, ainsi je ne vais pas plus de 3-4 fois par mois sur un même secteur. De même, connaissant différents terriers de blaireaux, je ne m'y rend en affût que 2 à 3 fois par an sur chacun, ainsi je limite grandement le dérangement que je pourrais provoquer malgré mes précautions. En revanche je les prépare sérieusement et je passe une formidable soirée, qui m'enchante tellement que je n'ai pas de souci à attendre l'année suivante pour les revoir, avec la satisfaction que leur petit univers soit resté "presque" secret.

- **Faire attention aux périodes de l'année :** Les animaux sont plus vulnérables aux dérangements à certaines périodes.

Au printemps, c'est la saison des couvées pour les oiseaux et des mises bas pour les mammifères. Ne fouillez pas les bois à la recherche des terriers de renards, ne fouillez pas les prairies à la recherche des faons. Vous pourriez déranger une mise bas, ou effrayer une chevrette qui pourrait délaisser son petit. Pour rappel, un faon trouvé seul n'est pas abandonné : les premières semaines de sa vie, il ne suit pas sa mère quand elle part s'alimenter, mais reste caché, couché sur le sol, en attendant son retour. Son immobilité est sa meilleure chance de survie pour ne pas être découvert par un prédateur (chien, renard, sanglier…), aussi si vous faites une telle rencontre, il est normal que le faon ne bouge pas à votre approche. Ne le touchez pas et désertez rapidement les lieux pour ne pas laisser votre odeur ni inquiéter sa mère qui est assurément dans le secteur. Elle reviendra s'en occuper plus tard. Idem pour les lapereaux que la lapine ne vient allaiter qu'une à deux fois par jour !

N'oubliez pas également que de fin septembre à fin février, la chasse éprouve la tranquillité des animaux. L'hiver est une saison où la nourriture se fait plus rare, le climat est rude dans certaines régions, et ils doivent être en forme pour pouvoir distancer les chiens si besoin. Aussi il est préférable de les laisser s'alimenter sans dérangement, et de ne pas risquer de les faire sortir de leurs zones de refuge. Vous remarquerez qu'il est plus difficile de les observer à cette période, car dans les secteurs chassés ils ne sortiront plus que la nuit.

- **Eviter d'appâter les animaux avec de la nourriture :** C'est une mauvaise pratique très répandue pour faire des images faciles !

Seulement cela n'est pas sans conséquence : cela entraîne une modification des habitudes et du comportement de l'animal, voire une dépendance qui pourrait le mettre en danger (renard qui ne craint plus l'homme et qui découvrira à ses dépens qu'il n'est pas souvent un ami, modification des habitudes de chasse, alimentation non adaptée etc…).

Il peut aussi être tentant de poser de la nourriture devant un piège photographique, mais déconseillé pour les mêmes raisons. Je profite par contre de l'effet inverse pour photographier sous mes pommiers de nombreux animaux qui viennent manger les fruits tombés au sol (chevreuils, oiseaux, lapins, renards et blaireaux la nuit …). Ainsi je ne modifie pas leurs habitudes alimentaires, je profite seulement de ce que leur offre la nature à différentes périodes de l'année et place ma caméra en fonction. A l'automne, quel bonheur d'observer les écureuils fouillant les noisetiers et les noyers !

- **Aimez la nature et ses habitants plus que le résultat photographique :** Si vous les aimez réellement, vous serez bienveillant, et le respect sera votre première préoccupation.

Vous apprendrez à faire de belles images tout en préservant les secrets du Peuple des Prés !

Amis du Peuple des Prés, à votre tour maintenant de faire de belles rencontres au fil des chemins.

Et n'oubliez pas :

La beauté est dans les yeux

de celui qui regarde.

(Oscar Wilde)